BULETTEN, KÖFTE, FALAFEL & CO.

FLEISCH-, FISCH- UND GEMÜSEBÄLLCHEN

Salomée Vidal & Jérémie Kanza · Fotos: Charlotte Lascève

INHALTSVERZEICHNIS

ZUTATEN

HACKFLEISCH darf nicht zu mager sein: Je marmorierter es ist, desto besser schmecken die Fleischbällchen. Für gute Fleischbällchen benötigt man auch gutes, frisch durchgelassenes Hackfleisch. Am besten dreht man es kurz vor der Zubereitung durch die feine Scheibe eines Fleischwolfs (Lochung 4,5 mm). Wer nur eine mittlere Scheibe mit 6 mm Lochung hat, kann das Fleisch auch ein zweites Mal durch den Fleischwolf geben. Für Hackfleisch nicht geeignet sind Küchenmaschine (Konsistenz zu breiig) und Messer (zu grob, fällt beim Braten auseinander). Oder man bestellt ganz frisches Hackfleisch für Fleischbällchen beim Metzger seines Vertrauens.

BROT UND EIER spielen für die Konsistenz der Fleischbällchen eine entscheidende Rolle. Es empfiehlt sich, altbackenes Brot ohne Rinde oder Brötchen vom Vortag zu verwenden und dieses in Scheiben oder Würfel geschnitten in Milch oder Wasser einzuweichen. Verwenden Sie für die Zubereitung immer nur ganz frische Eier; möglichst regional und aus Freilandhaltung.

KRÄUTER UND GEWÜRZE steuern zusätzlichen Geschmack bei, daher unbedingt frische Kräuter, ruhig in großer Menge, verwenden. Frischkräuter kurz abbrausen, trocken schütteln und mit einem scharfen Messer fein hacken. Auch bei den Gewürzen lohnt es sich, auf Qualität und Frische zu achten, damit deren besondere Aromen voll zur Geltung kommen.

ZWIEBELN immer möglichst fein hacken. In vielen Rezepten empfehlen wir, weiße Zwiebeln zu verwenden und diese vorher anzuschwitzen, dann sind sie bekömmlicher. Zudem steuern sie so eine leicht süßliche Note bei und sorgen für einen angenehmen Geschmack. Die Zwiebelwürfel lassen sich auch in Brühe halbweich garen. Vor der weiteren Verarbeitung abkühlen lassen und abgießen.

ZUBEREITUNG UND GAREN

FORMEN

Jeweils nur eine kleine, gleich große Menge von der gewünschten Farce zwischen den mit etwas Wasser leicht benetzten Handflächen zu möglichst runden Bällchen rollen.

Erscheint die Masse zum Formen zu weich, zunächst komplett auskühlen lassen. Dann bei Bedarf Semmelbrösel oder Speisestärke einarbeiten. Ist die Masse sehr locker, hilft es auch, die Bällchen gut in Mehl zu rollen und danach nochmals mit den Händen leicht in Form zu drücken.

Für Bällchen mit einer flüssigen Mitte aus der Farce zunächst kleine Bällchen rollen, diese an einer Stelle öffnen, eine Vertiefung hineindrücken, etwas Käse hineingeben und die Farce erneut rollen, bis das Loch wieder gut verschlossen ist.

FARCE OHNE EI UND BROT

Eine Farce für Fleischbällchen lässt sich auch ohne Ei und Brötchen zubereiten. Dazu ½ TL Backsoda auf 500 g frisches Hackfleisch etwas länger mit der Masse verkneten und über Nacht kühl stellen. Falls die Farce noch zu trocken erscheint, etwas Wasser löffelweise einarbeiten. Kichererbsenmehl ist ein guter Ei-Ersatz und lässt sich z. B. für vegane Bällchen verwenden. Ein Ei wird dabei durch 1 EL Kichererbsenmehl, das mit 2 EL Wasser glatt gerührt wurde, ersetzt.

DOPPELTES GAREN

In den meisten Rezepten empfehlen wir ein doppeltes Garen, denn die wenigsten Bällchen dieses Buches müssen frittiert werden. Dafür die kleinen Bällchen zunächst in einer Pfanne in erhitztem Öl goldbraun und kross anbraten. Abschließend im Backofen auf dem Blech oder in einer feuerfesten Form fertig garen, damit sich Fett und Säfte verbinden und die Bällchen innen schön saftig bleiben. Auch auf dem Holzkohlegrill lassen sich die Bällchen fertig garen.

FRITTIEREN

Einige Rezepte sehen vor, die Bällchen zu frittieren. Verwenden Sie dafür stets frisches Öl, das auch auf diese Temperatur erhitzt werden kann (Rauchpunkt beachten). Die Fritteuse immer vorheizen, bis die gewünschte Temperatur erreicht ist (meist 120 °C). Nur so ist gewährleistet, dass sich eine geschlossene, krosse Oberfläche bildet und die Bällchen nicht zu fettig und zu schwer werden. Nach dem Frittieren auf Küchenpapier entfetten.

Der Klassiker –
mit Rinderhack, Zwiebel und Petersilie

FÜR CA. 25 FLEISCHBÄLLCHEN
ZUBEREITUNG 35 MINUTEN

50 g Brot oder Brötchen vom Vortag,
  ohne krosse Rinde
200 ml Milch oder Wasser
1 große weiße Zwiebel, geschält
1 EL Zucker
1 EL Sonnenblumenöl
1 Bund glattblättrige Petersilie
600 g Rinderhack aus der Hochrippe,
  frisch zubereitet (s. Seite 4)
2 Eier
1 TL Salz
schwarzer Pfeffer, frisch gemahlen
Öl zum Braten (z. B. Sonnenblumenöl)

1. Brot so lange in der Flüssigkeit einweichen, bis es vollständig damit getränkt ist. Zwiebel fein hacken und mit Zucker in einem mit Öl erhitzten Topf glasig anschwitzen. Topf vom Herd ziehen, bevor die Zwiebel Farbe annimmt. Petersilie abbrausen, trocken schütteln und fein hacken.

2. Hackfleisch mit Zwiebel und Petersilie mischen. Eier und ausgedrücktes, zerkleinertes Brot untermengen. Mit Salz und sechs Umdrehungen Pfeffer würzen. Masse kurz ruhen lassen.

3. Backofen auf 200 °C vorheizen.

4. Farce mit den Händen gründlich kneten und zu 4 cm großen Fleischbällchen rollen. Etwas Öl in einer Bratpfanne erhitzen. Fleischbällchen darin portionsweise 20 Sekunden von jeder Seite scharf anbraten. Anschließend auf einem Backblech verteilen und zehn Minuten im Ofen weitergaren.

5. Fleischbällchen mit selbst gemachter Tomatensauce (s. Seite 64) und frischen Basilikumblättern oder einfach mit etwas Senf servieren.

Polpette al Sugo mit Salbei und Pecorino

FÜR CA. 25 FLEISCHBÄLLCHEN
ZUBEREITUNG 45 MINUTEN

50 g Brot oder Brötchen vom Vortag,
   ohne krosse Rinde
200 ml Milch
1 große weiße Zwiebel, geschält
1 EL Zucker
Öl zum Braten (z. B. Sonnenblumenöl)
1 Bund glattblättrige Petersilie
einige Salbeiblätter
20 g Butter
600 g Rinderhack aus der Hochrippe,
   frisch zubereitet (s. Seite 4)
2 Eier
1 TL Salz
schwarzer Pfeffer, frisch gemahlen
400 ml Tomatensauce (siehe Seite 64)
   oder fertig gekauft
150 g Pecorino (alternativ: Parmesan),
   gerieben

1. Brot so lange in Milch einweichen, bis es vollständig damit getränkt ist. Zwiebel fein hacken und mit Zucker in 1 EL Öl im Schmortopf glasig anschwitzen. Topf vom Herd ziehen, bevor die Zwiebel Farbe annimmt. Petersilie abbrausen, trocken schütteln und fein hacken. Salbei in etwas Butter in einer Pfanne anbraten.

2. Hackfleisch mit Zwiebel und Petersilie mischen. Eier und ausgedrücktes, zerkleinertes Brot untermengen. Mit Salz und sechs Umdrehungen Pfeffer würzen. Masse kurz ruhen lassen.

3. Farce mit den Händen gründlich kneten und zu 4 cm großen Fleischbällchen rollen. Etwas Öl im Schmortopf erhitzen. Fleischbällchen darin portionsweise von allen Seiten scharf anbraten. Alle Fleischbällchen wieder zurück in den Topf geben, Tomatensauce dazugießen und 15 Minuten köcheln lassen. Mit etwas frisch geriebenem Pecorino bestreut servieren.

4. Dazu passt Polenta (s. Seite 68).

Meat Balls mit Zwiebelringen und Cheddar

FÜR CA. 25 FLEISCHBÄLLCHEN
ZUBEREITUNG 40 MINUTEN

4 Schalotten, geschält
50 g Brot oder Brötchen vom Vortag,
  ohne krosse Rinde
200 ml Milch
1 große weiße Zwiebel, geschält
1 EL Zucker
Öl zum Braten (z. B. Sonnenblumenöl)
1 Bund glattblättrige Petersilie
600 g Rinderhack aus der Hochrippe,
  frisch zubereitet (s. Seite 4)
2 Eier
½ TL Salz
Pfeffer, frisch gemahlen
100 g Cheddar, in 20 Würfel geschnitten

1. Schalotten in feine Ringe schneiden. In einer auf 120 °C erhitzten Fritteuse oder in einer mit 1 cm siedendem hocherhitzbaren Öl gefüllten Pfanne frittieren, bis sie knusprig und braun sind. Frittierte Schalotten auf Küchenpapier abtropfen lassen.

2. Brot so lange in Milch einweichen, bis es vollständig damit getränkt ist. Zwiebel fein hacken und mit Zucker in 1 EL Öl im Topf glasig anschwitzen. Vom Herd ziehen, bevor die Zwiebel Farbe annimmt. Petersilie abbrausen, trocken schütteln und fein hacken.

3. Hackfleisch mit Zwiebel und Petersilie mischen. Eier und ausgedrücktes, zerkleinertes Brot untermengen. Mit Salz und sechs Umdrehungen Pfeffer würzen, kurz ruhen lassen. Backofen auf 200 °C vorheizen.

4. Farce mit den Händen gründlich kneten und zu 4 cm großen Fleischbällchen rollen. In die Mitte jedes Fleischbällchens eine kleine Mulde formen, einen Käsewürfel hineinlegen und das Bällchen wieder zusammendrücken. Etwas Öl in einer Bratpfanne erhitzen. Fleischbällchen darin portionsweise 20 Sekunden von jeder Seite scharf anbraten. Anschließend auf einem Backblech verteilen und zehn Minuten im Ofen garen.

5. Bällchen mit frittierten Schalotten bestreuen und heiß servieren. Dazu etwas BBQ-Sauce oder eine *Salsa cruda* aus klein gewürfelten Tomaten, roten Zwiebeln und Zucchini reichen.

Fleischbällchen mit Rinderhack, Wachteleiern und Senfsauce

FÜR CA. 25 FLEISCHBÄLLCHEN
ZUBEREITUNG 40 MINUTEN

50 g Brot oder Brötchen vom Vortag,
  ohne krosse Rinde
200 ml Milch
1 große weiße Zwiebel, geschält
1 EL Zucker
Öl zum Braten (z. B. Sonnenblumenöl)
1 Bund glattblättrige Petersilie
600 g Rinderhack aus der Hochrippe,
  frisch zubereitet (s. Seite 4)
1 TL Salz
schwarzer Pfeffer, frisch gemahlen
2 Eier
20 Wachteleier

Senfsauce
1 Brühwürfel Hühnerbouillon
¼ l Wasser, erhitzt
500 ml Sahne/Rahm
2 EL grobkörniger Senf
1 EL Dijon-Senf
Salz und Pfeffer, frisch gemahlen

1. Brot so lange in Milch einweichen, bis es vollständig damit getränkt ist. Zwiebel fein hacken und mit Zucker in 1 EL Öl im Topf glasig anschwitzen. Topf vom Herd ziehen, bevor die Zwiebel Farbe annimmt. Petersilie abbrausen, trocken schütteln und fein hacken.

2. Hackfleisch mit Zwiebel und Petersilie mischen. Eier und ausgedrücktes, zerkleinertes Brot untermengen. Mit Salz und sechs Umdrehungen Pfeffer würzen, kurz ruhen lassen. Backofen auf 200 °C vorheizen.

3. Farce mit den Händen gründlich kneten und zu 4 cm großen Fleischbällchen rollen. In die Fleischbällchen mittig eine Mulde drücken und jeweils ein zuvor über einem kleinen Gefäß aufgeschlagenes Wachtelei hineingeben. Bällchen wieder vorsichtig zusammendrücken, erneut in Form rollen. Etwas Öl in einer Bratpfanne erhitzen. Fleischbällchen darin portionsweise 20 Sekunden von jeder Seite scharf anbraten. Anschließend auf einem Backblech verteilen und zehn Minuten im Ofen weitergaren.

4. Brühwürfel in heißem Wasser auflösen, Sahne zugießen und aufkochen. Beide Senfsorten unterrühren, mit Salz und Pfeffer abschmecken. Fleischbällchen zum Servieren mit etwas Senfsauce übergießen.

Fleischbällchen mit Rinderhack, Chili und roten Bohnen

FÜR CA. 30 FLEISCHBÄLLCHEN
ZUBEREITUNG 40 MINUTEN

150 g Kidneybohnen aus dem Glas,
  abgetropft
1 TL Sonnenblumenöl
2 EL Tomatenmark
50 g rote Zwiebeln, geschält und fein
  gehackt
50 g Brot oder Brötchen vom Vortag,
  ohne krosse Rinde
200 ml Milch
600 g Rinderhack aus der Hochrippe,
  frisch zubereitet (s. Seite 4)
1 rote Gemüsepaprika, fein gewürfelt
2 Eier
1 Bund Koriander
2 rote Thai-Chilis, je nach Schärfe und
  Geschmack
1 TL Salz
schwarzer Pfeffer, frisch gemahlen
2 unbehandelte Bio-Limetten

1. Kidneybohnen mit einer Gabel grob zerdrücken. In einer kleinen Kasserolle Sonnenblumenöl mit Tomatenmark kurz erhitzen, rote Zwiebeln glasig darin anschwitzen.

2. Brot so lange in der Milch einweichen, bis es vollständig damit getränkt ist.

3. Backofen auf 200 °C vorheizen.

4. Hackfleisch mit Bohnen, Zwiebel-Tomaten-Mischung und Paprikawürfeln vermengen. Eier und ausgedrücktes, zerkleinertes Brot sowie fein gehackten Koriander und sehr fein gehackte Chilis (ohne Kerne) untermengen. Mit Salz und sechs Umdrehungen Pfeffer würzen. Fein abgeriebene Schale einer Limette und Saft der beiden Limetten dazugeben. Masse kurz ruhen lassen

5. Farce mit den Händen gründlich kneten, zu 4 cm großen Fleischbällchen rollen und auf einem mit Backpapier belegten Blech verteilen. Bällchen zehn Minuten im Backofen garen.

6. Mit selbst gemachter Tomatensauce (s. Seite 64) servieren.

Fleischbällchen mit Kalbshack, Kartoffeln, Pancetta und Majoran

FÜR CA. 35 FLEISCHBÄLLCHEN
ZUBEREITUNG 60 MINUTEN

2 Schalotten
100 g Pancetta (italienischer luft-
    getrockneter Speck)
Öl zum Braten (z. B. Sonnenblumenöl)
50 g Brot oder Brötchen vom Vortag,
    ohne krosse Rinde
200 ml Milch
ca. 350 g Kartoffeln, mehlig kochend
1 Bund Majoran, Blättchen abgezupft
600 g Kalbshack aus der Nuss, frisch
    zubereitet (s. Seite 4)
1 EL Dijon-Senf
2 Eier
½ TL Salz
schwarzer Pfeffer, frisch gemahlen

1. Schalotten fein hacken, Speck in Würfel schneiden und beides fünf Minuten in wenig Öl anbraten. Brot so lange in Milch einweichen, bis es vollständig damit getränkt ist.

2. Kartoffeln in kochendem Wasser ca. 20 Minuten weich garen (Garprobe machen), abgießen und etwas ausdampfen lassen. Kartoffeln pellen, mit Pancetta-Schalotten-Mischung und klein gehacktem Majoran in eine Schüssel geben. Mit einer Gabel zu einem festen Püree zerdrücken.

3. Püree mit Hackfleisch mischen. Eier, Senf und ausgedrücktes, zerkleinertes Brot untermengen. Mit Salz und sechs Umdrehungen Pfeffer würzen. Masse kurz ruhen lassen.

4. Backofen auf 200 °C vorheizen.

5. Farce mit den Händen gründlich kneten und zu 4 cm großen Fleischbällchen rollen. Etwas Öl in einer Bratpfanne erhitzen. Fleischbällchen darin portionsweise 20 Sekunden von jeder Seite scharf anbraten. Anschließend auf einem Backblech verteilen und zehn Minuten im Ofen weitergaren.

6. Als Beilage passt dazu ein Linsensalat.

BOULETTES DE VEAU MIT MINZE UND ERBSEN

FÜR CA. 30 FLEISCHBÄLLCHEN
ZUBEREITUNG 40 MINUTEN

50 g Brot oder Brötchen vom Vortag,
  ohne krosse Rinde
200 ml Milch
150 g frische Erbsen
600 g Kalbshack aus der Nuss oder
  Brust, frisch zubereitet (s. Seite 4)
2 Eier
1 Bund frische Minze, Blättchen
  abgezupft
1 EL Senf
1 TL Salz
schwarzer Pfeffer, frisch gemahlen
Öl zum Braten (z. B. Sonnenblumenöl)

1. Brot so lange in Milch einweichen, bis es vollständig damit getränkt ist. Erbsen auspalen, etwa fünf Minuten in kochendem Salzwasser blanchieren (sie müssen anschließend noch fest sein), danach in Eiswasser abschrecken.

2. Hackfleisch mit Eiern, ausgedrücktem, zerkleinertem Brot, fein gehackter Minze und Senf mischen. Mit Salz und sechs Umdrehungen Pfeffer würzen, die Erbsen unterheben. Masse kurz ruhen lassen.

3. Backofen auf 200 °C vorheizen.

4. Farce mit den Händen gründlich kneten und zu 4 cm großen Fleischbällchen rollen. Etwas Öl in einer Bratpfanne erhitzen. Fleischbällchen darin portionsweise 20 Sekunden von jeder Seite scharf anbraten. Anschließend auf einem Backblech verteilen und zehn Minuten im Ofen weitergaren.

Fleischbällchen mit Kalbshack, Meerrettich und eingelegtem Rotkohl

FÜR CA. 30 FLEISCHBÄLLCHEN
ZUBEREITUNG 60 MINUTEN

Eingelegter Rotkohl
1 l Wasser
600 ml Sherryessig
2 TL Salz
20 g Zucker
2–3 TL Koriandersamen
200 g Rotkohl/Rotkabis

50 g Brot oder Brötchen vom Vortag,
 ohne krosse Rinde
200 ml Milch
1 Bund glattblättrige Petersilie
600 g Kalbshack aus der Nuss oder
 Brust, frisch zubereitet (s. Seite 4)
2 Eier
1 EL Meerrettich
½ TL Salz
Pfeffer, frisch gemahlen
Öl zum Braten (z. B. Sonnenblumenöl)

1. Wasser mit Essig, Salz, Zucker und Koriandersamen in einen Topf geben und erhitzen. Geputzten Rotkohl fein hacken und zehn Minuten im gewürzten Essigwasser köcheln lassen. Topf vom Herd ziehen, Rotkohl darin abgedeckt weitere 30 Minuten ziehen lassen.

2. Brot so lange in Milch einweichen, bis es vollständig damit getränkt ist. Petersilie abbrausen, trocken schütteln und fein hacken.

3. Backofen auf 200 °C vorheizen.

4. Hackfleisch mit Eiern, ausgedrücktem, zerkleinertem Brot, Petersilie und Meerrettich mischen. Eingelegten Rotkohl abgießen und unterkneten. Mit Salz und sechs Umdrehungen Pfeffer abschmecken. Masse kurz ruhen lassen.

5. Farce zu 4 cm großen Fleischbällchen rollen. Etwas Öl in einer Bratpfanne erhitzen. Fleischbällchen darin portionsweise 20 Sekunden von jeder Seite scharf anbraten. Anschließend auf einem Backblech verteilen und zehn Minuten im Ofen weitergaren.

Lamm-Köfte mit Pinienkernen, Kreuzkümmel und Koriander

FÜR CA. 25 FLEISCHBÄLLCHEN
ZUBEREITUNG 40 MINUTEN

50 g Brot oder Brötchen vom Vortag,
   ohne krosse Rinde
200 ml Milch
1 Bund frischer Koriander
100 g Pinienkerne
1 große weiße Zwiebel, geschält
1 EL Zucker
Öl zum Braten (z. B. Sonnenblumenöl)
600 g Lammhack aus der Schulter,
   frisch zubereitet (s. Seite 4)
2 Eier
1 EL Kreuzkümmelpulver
1 TL Salz
schwarzer Pfeffer, frisch gemahlen

1. Brot so lange in Milch einweichen, bis es vollständig damit getränkt ist. Koriander abbrausen, trocken schütteln und fein hacken. Pinienkerne ohne Zugabe von Fett ein paar Sekunden in einer heißen Pfanne rösten. Zwiebel fein hacken und mit Zucker in einem mit 1 EL Öl erhitzten Topf glasig anschwitzen. Topf vom Herd ziehen, bevor die Zwiebel Farbe annimmt.

2. Hackfleisch mit Zwiebel und Koriander mischen. Pinienkerne, Eier und ausgedrücktes, zerkleinertes Brot untermengen. Mit Kreuzkümmel, Salz und sechs Umdrehungen Pfeffer würzen. Masse kurz ruhen lassen.

3. Backofen auf 200 °C vorheizen.

4. Farce mit den Händen gründlich kneten und zu 4 cm großen Fleischbällchen rollen. Etwas Öl in einer Bratpfanne erhitzen. Fleischbällchen darin portionsweise 20 Sekunden von jeder Seite scharf anbraten. Anschließend auf einem Backblech verteilen und zehn Minuten im Ofen weitergaren.

5. Dazu passen Joghurtsauce (s. Seite 64) und Süßkartoffelpüree (s. Seite 68).

Mediterrane Lammbällchen mit eingelegter Zitrone, Oliven und Rosmarin

FÜR CA. 25 FLEISCHBÄLLCHEN
ZUBEREITUNG 40 MINUTEN

50 g Brot oder Brötchen vom Vortag,
   ohne krosse Rinde
200 ml Milch
1 rote Zwiebel, geschält
1 Zweig Rosmarin, Nadeln grob gehackt
1 Handvoll grüne Oliven, ohne Stein
½–1 eingelegte Zitrone[1] (je nach Größe)
Olivenöl
600 g Lammhack aus der Schulter,
   frisch zubereitet (s. Seite 4)
2 Eier
Öl zum Braten (z. B. Sonnenblumenöl)
1 TL Salz
schwarzer Pfeffer, frisch gemahlen

1. Brot so lange in Milch einweichen, bis es vollständig damit getränkt ist. Zwiebel fein hacken und mit Rosmarin, klein gewürfelten Oliven und hauchdünnen Streifen der eingelegten Zitrone in etwas Olivenöl kurz anbraten.

2. Zwiebelmischung mit Hackfleisch vermengen. Eier und ausgedrücktes, zerkleinertes Brot untermischen. Mit Salz und sechs Umdrehungen Pfeffer würzen. Masse kurz ruhen lassen.

3. Backofen auf 200 °C vorheizen.

4. Farce mit den Händen gründlich kneten und zu 4 cm großen Fleischbällchen rollen. Etwas Öl in einer Bratpfanne erhitzen. Fleischbällchen darin portionsweise 20 Sekunden von jeder Seite scharf anbraten. Anschließend auf einem Backblech verteilen und zehn Minuten im Ofen weitergaren.

5. Dazu passt Polenta (s. Seite 68), Bulgur oder Couscous.

---

1 In Salz eingelegte Zitronen sind ein wichtiger Bestandteil der nordafrikanischen Küche. Wer sie nicht selbst einlegen möchte (Rezept siehe http://hvlink.de/zitronen-eingelegt), findet sie in orientalischen Lebensmittelgeschäften oder im Angebot von Spezialversendern.

Fleischbällchen mit gemischtem Hack, Fenchel und Paprika

FÜR CA. 25 FLEISCHBÄLLCHEN
ZUBEREITUNG 40 MINUTEN

50 g Brot oder Brötchen vom Vortag,
   ohne krosse Rinde
200 ml Milch
1 Fenchelknolle (ca. 200 g), geputzt
1 Bund glattblättrige Petersilie
500 g Schweinehack aus dem Nacken,
   frisch zubereitet (s. Seite 4)
100 g Rinderhack aus der Hochrippe,
   frisch zubereitet (s. Seite 4)
2 Eier
50 g edelsüßes Paprikapulver (ca. 5 EL)
50 g Fenchelsamen, gemahlen (ca. 5 EL)
1 geh. EL Dijon-Senf
1 TL Salz
schwarzer Pfeffer, frisch gemahlen
Öl zum Braten (z. B. Sonnenblumenöl)

1. Brot so lange in Milch einweichen, bis es vollständig damit getränkt ist. Fenchel in winzige Würfel (2 mm) schneiden, etwa drei Minuten in kochendem Salzwasser blanchieren. Petersilie abbrausen, trocken schütteln und fein hacken.

2. Beide Hackfleischsorten mischen, dann Eier, ausgedrücktes, zerkleinertes Brot, blanchierte Fenchelwürfel, Petersilie, Paprika- und Fenchelpulver sowie Senf untermengen. Mit Salz und sechs Umdrehungen Pfeffer würzen. Masse kurz ruhen lassen.

3. Backofen auf 200 °C vorheizen.

4. Farce mit den Händen gründlich kneten und zu 4 cm großen Fleischbällchen rollen. Etwas Öl in einer Bratpfanne erhitzen. Fleischbällchen darin portionsweise 20 Sekunden von jeder Seite scharf anbraten. Anschließend auf einem Backblech verteilen und zehn Minuten im Ofen weitergaren.

5. Mit Senf oder Sauce nach Wahl servieren.

Fleischbällchen mit Schweinehack, Ricotta und Spinat

FÜR CA. 35 FLEISCHBÄLLCHEN
ZUBEREITUNG 45 MINUTEN

50 g Brot oder Brötchen vom Vortag,
   ohne krosse Rinde
200 ml Milch
100 g junge Spinatblätter (Babyspinat)
1 große weiße Zwiebel, geschält
1 EL Zucker
Öl zum Braten (z. B. Sonnenblumenöl)
600 g Schweinehack aus dem Nacken,
   frisch zubereitet (s. Seite 4)
1 Ei
250 g Ricotta
1 geh. TL Salz
schwarzer Pfeffer, frisch gemahlen

1. Brot so lange in Milch einweichen, bis es vollständig damit getränkt ist. Spinat waschen und trocken schleudern. In einen Topf geben und unter Rühren erhitzen, bei Bedarf etwas Wasser angießen. Sobald er zusammengefallen ist, noch etwa fünf Minuten bei niedriger Hitze garen lassen. Zwiebel fein hacken und mit Zucker in einem mit 1 EL Öl erhitzten Topf glasig anschwitzen. Topf vom Herd ziehen, bevor die Zwiebel Farbe annimmt.

2. Hackfleisch mit Zwiebel, Ei und Spinat mischen. Ausgedrücktes, zerkleinertes Brot und Ricotta untermengen. Mit Salz und sechs Umdrehungen Pfeffer würzen. Masse kurz ruhen lassen.

3. Backofen auf 200 °C vorheizen.

4. Farce mit den Händen gründlich kneten und zu 4 cm großen Fleischbällchen rollen. Etwas Öl in einer Bratpfanne erhitzen. Fleischbällchen darin portionsweise 20 Sekunden von jeder Seite scharf anbraten. Anschließend auf einem Backblech verteilen und zehn Minuten im Ofen weitergaren.

5. Dazu passt Paprika-Tomaten-Gemüse mit Ziegenfrischkäse (s. Seite 66).

Asiatische Hackbällchen mit Thai-Basilikum und Honig-Sojasauce

FÜR CA. 25 FLEISCHBÄLLCHEN
ZUBEREITUNG 45 MINUTEN

50 g Brot oder Brötchen vom Vortag,
  ohne krosse Rinde
200 ml Milch
1 Stange Staudensellerie
1 Bund Thai-Basilikum
600 g Schweinehack aus dem Nacken,
  frisch zubereitet (s. Seite 4)
1 Ei
1 TL Salz
Langpfeffer oder schwarzer Pfeffer,
  frisch gemahlen
Öl zum Braten (z. B. Sonnenblumenöl)

HONIG-SOJASAUCE
3 EL Honig
200 ml Sojasauce

1. Brot so lange in Milch einweichen, bis es vollständig damit getränkt ist. Sellerie in winzige Würfel (2 mm) schneiden und etwa drei Minuten in kochendem Salzwasser blanchieren. Basilikum abbrausen, trocken schütteln, Blättchen abzupfen und fein hacken.

2. Hackfleisch mit Ei, ausgedrücktem, zerkleinertem Brot, Selleriewürfeln und Basilikum vermischen. Mit Salz und fünf Umdrehungen Pfeffer würzen. Masse etwas ruhen lassen.

3. Backofen auf 200 °C vorheizen.

4. Farce mit den Händen gründlich kneten und zu 4 cm großen Fleischbällchen rollen. Etwas Öl in einer Bratpfanne erhitzen. Fleischbällchen darin portionsweise 20 Sekunden von jeder Seite scharf anbraten. Anschließend auf einem Backblech verteilen und zehn Minuten im Ofen weitergaren.

5. Honig und Sojasauce fünf Minuten in einem kleinen Topf auf mittlerer Stufe etwas einkochen, bis die Sauce glänzt. Vor dem Servieren etwas Sauce über die Fleischbällchen träufeln und mit frischen Blättchen von Thai-Basilikum garnieren.

6. Dazu passt Reis mit gerösteten Erdnüssen.

Geflügelbällchen mit Hähnchenhackfleisch, Pesto und getrockneten Aprikosen

FÜR CA. 25 FLEISCHBÄLLCHEN
ZUBEREITUNG 35 MINUTEN

50 g Brot oder Brötchen vom Vortag,
  ohne krosse Rinde
200 ml Milch
600 g Hähnchenhackfleisch, frisch
  zubereitet (s. Seite 4)
1 Hand voll getrocknete Aprikosen,
  klein gewürfelt
180–200 g grünes Pesto
1 Ei
½ TL Salz
bunter Pfeffer, frisch gemahlen
60 g Mandeln, gemahlen

1. Brot so lange in Milch einweichen, bis es vollständig damit getränkt ist. Backofen auf 200 °C vorheizen.

2. Hackfleisch mit Aprikosenwürfeln, Pesto, Ei und ausgedrücktem, zerzupften Brot vermischen. Mit Salz und sechs Umdrehungen Pfeffer würzen. Masse kurz ruhen lassen.

3. Farce mit den Händen gründlich kneten und zu 4 cm großen Fleischbällchen rollen. Fleischbällchen in gemahlenen Mandeln wälzen und auf einem mit Backpapier belegten Blech verteilen. Zehn Minuten bei 200 °C im Backofen garen.

🔖 TIPP

Eine Guacamole schmeckt dazu besonders gut: Dazu drei reife Avocados halbieren, Kern auslösen und das Avocadofleisch mit einer Gabel zerdrücken. Mit 3 EL Olivenöl, ein paar frisch gehackten Korianderblättchen, einer fein gehackten Lauchzwiebel, dem Saft einer Limette und einer fein gehackten Chilischote vermischen. Dip mit Salz und etwas Kreuzkümmelpulver abschmecken.

Asiatische Geflügelbällchen mit Ingwer, Zitronengras und Koriander

FÜR CA. 25 FLEISCHBÄLLCHEN
ZUBEREITUNG 45 MINUTEN

BOUILLON
1 l Hühnerbrühe
1 Bund frischer Koriander
1 rote Chilischote
1 Stängel Zitronengras, angequetscht
einige Sellerieblätter
2–3 TL Koriandersamen
1 Möhre, geschält
2–3 Lauchzwiebeln

600 g Hähnchenhackfleisch, frisch
    zubereitet (s. Seite 4) und sehr fein
    durchgelassen
1 Ei
2 EL Pankomehl (alternativ: Semmel-
    brösel)
1 Handvoll Mungobohnensprossen
ca. 2 cm frischer Ingwer, geschält
1 TL Salz
weißer Pfeffer, frisch gemahlen

1. Hühnerbrühe erhitzen. Koriander abbrausen, dann vorsichtig trocken schütteln, Blättchen abzupfen und beiseitelegen. Stängel mit Chili, Zitronengras, Selleriegrün, Koriandersamen, in kleine Würfel geschnittener Möhre und klein gehackten Lauchzwiebeln zur Brühe geben. Bouillon während der Zubereitung der Fleischbällchen leicht köcheln lassen.

2. Hackfleisch mit Ei, Panko, fein gehackten Korianderblättchen, in kleine Stücke geschnittenen Sprossen und frisch geriebenem Ingwer gut vermischen. Mit Salz und sechs Umdrehungen Pfeffer würzen. Masse kurz ruhen lassen.

3. Mit angefeuchteten Händen aus der Farce 5 cm große Fleischbällchen formen, die direkt in der Bouillon pochiert werden. Etwa zehn Minuten in der siedenden Bouillon ziehen lassen und sofort in Suppenschalen mit Bouillon servieren.

⌐ **TIPP**
Die Fleischbällchen lassen sich noch leichter formen, wenn man etwas Farce auf ein Stück Frischhaltefolie gibt. Dieses dann über der Farce zusammendrehen und die Bällchen vorsichtig in die Bouillon gleiten lassen.

GEFLÜGELBÄLLCHEN MIT ZITRONE UND ESTRAGON

FÜR CA. 25 FLEISCHBÄLLCHEN
ZUBEREITUNG 35 MINUTEN

50 g Brot oder Brötchen vom Vortag,
  ohne krosse Rinde
200 ml Milch
1 Stange Lauch, geputzt
1 unbehandelte Bio-Zitrone
1 Bund Estragon
Öl zum Frittieren
600 g Hähnchenhackfleisch, frisch
  zubereitet (s. Seite 4)
1 Ei
1 EL Dijon-Senf
1 TL Salz
weißer Pfeffer, frisch gemahlen
125 g Semmelbrösel

1. Brot so lange in Milch einweichen, bis es vollständig damit getränkt ist. Weißen Lauchabschnitt fein hacken und zwei Minuten in kochendem Salzwasser blanchieren, danach sofort mit Eiswasser abschrecken. Lauchgrün anderweitig verwenden. Zitronenschale fein abreiben und Saft auspressen. Estragon abbrausen, trocken schütteln und Blätter fein hacken.

2. Öl in der Fritteuse auf 120 °C vorheizen.

3. Hackfleisch mit Ei, ausgedrücktem, zerkleinertem Brot, Lauch, Estragon, Zitrusschale und -saft sowie Senf vermischen. Mit Salz und etwas Pfeffer würzen.

4. Farce mit den Händen gründlich verkneten und etwas ruhen lassen. Mit leicht angefeuchteten Händen zu 4 cm großen Fleischbällchen rollen. Diese in Semmelbröseln wälzen und ein paar Minuten bei 120 °C in der Fritteuse frittieren, bis sie leicht gebräunt und außen schön kross sind. Auf Küchenpapier entfetten.

5. Dazu schmeckt ein angemachter Reissalat mit halbierten Cocktailtomaten, Salatgurkenwürfeln und etwas fein gehackter Chilischote.

◻ *ZUBEREITUNG OHNE FRITTEUSE*
Öl in einem Bräter oder in einem großen Topf erhitzen. Um die Temperatur zu prüfen, einfach ein paar Semmelbrösel hineinstreuen: Das Öl ist heiß genug, wenn die Semmelbrösel sofort brutzeln.

Geflügelbällchen mit Gorgonzola und rohem Schinken

FÜR CA. 25 FLEISCHBÄLLCHEN
ZUBEREITUNG 40 MINUTEN

50 g Brot oder Brötchen vom Vortag,
   ohne krosse Rinde
200 ml Milch
400 g Hähnchenhackfleisch, frisch
   zubereitet (s. Seite 4)
5 Scheiben roher Schinken, gewürfelt
1 Ei
150 g Gorgonzola
1–2 EL Semmelbrösel
3 Prisen Salz
schwarzer Pfeffer, frisch gemahlen
Öl zum Braten (z. B. Sonnenblumenöl)

1. Brot so lange in Milch einweichen, bis es vollständig damit getränkt ist. Danach ausdrücken und zerkleinern.

2. Hackfleisch mit Schinkenwürfeln, Ei, Brot, einem Drittel des zerkleinerten Gorgonzolas und mit Semmelbröseln vermischen. Mit Salz und sechs Umdrehungen Pfeffer abschmecken.

3. Backofen auf 200 °C vorheizen.

4. Farce mit den Händen gründlich kneten und kurz ruhen lassen. Mit leicht angefeuchteten Händen zu 4 cm großen Fleischbällchen rollen. Eine Vertiefung in die Mitte jedes Bällchens drücken, ein Stück Gorgonzola hineingeben, wieder verschließen und erneut in Form rollen. Etwas Öl in einer Bratpfanne erhitzen. Fleischbällchen darin portionsweise 20 Sekunden von jeder Seite scharf anbraten. Anschließend auf einem Backblech verteilen und zehn Minuten im Ofen weitergaren.

5. Dazu passt milchsauer eingelegtes Gemüse oder ein Endiviensalat mit knusprig ausgebratenen Baconstreifen und Crôutons.

Albóndigas mit Chorizo und Pimientos

FÜR CA. 25 FLEISCHBÄLLCHEN
ZUBEREITUNG 35 MINUTEN

450 g Rinderhack aus der Hochrippe,
   frisch zubereitet (s. Seite 4)
150 g scharfe Chorizo[2], ohne Haut
2 Eier
50 g Brot oder Brötchen vom Vortag,
   ohne krosse Rinde
200 ml Milch
1 große weiße Zwiebel, geschält
1 Bund glattblättrige Petersilie
1 unbehandelte Bio-Zitrone, Schalenabrieb
1–2 Pimientos del Piquillo (eingelegte
   spanische Paprika)
1 EL Puderzucker
Öl zum Braten (z. B. Sonnenblumenöl)
1 Prise Salz
Pimentón de la Vera dulce[3] oder
   agridulce (alternativ: geräuchertes
   Paprikapulver)

---

2 Chorizo ist eine luftgetrocknete spanische Wurst-
spezialität aus grobem Schweinehack, die durch
Paprikapulver (meist Pimentón de la Vera) ihre rote
Färbung erhält.

3 Gewürzspezialität mit geschützter Herkunfts-
bezeichnung aus der spanischen Extremadura. Die
über Eichenfeuer geräucherten Schoten haben
ein ganz besonderes Aroma. Das Pulver gibt es in
unterschiedlichen Schärfegraden. Alternativ kann
man auch Chipotle verwenden, das sind die in der
Tex-Mex-Küche verwendeten geräucherten Chilis.

1. Brot so lange in Milch einweichen, bis es vollständig damit getränkt ist. Zwiebel fein hacken und mit Zucker in einem mit 1 EL Öl erhitzten Topf glasig anschwitzen. Topf vom Herd ziehen, bevor die Zwiebel Farbe annimmt. Petersilie abbrausen, trocken schütteln und fein hacken.

2. Mithilfe eines Fleischwolfs Fleisch, Chorizo und Pimientos zu einer gleichmäßigen Farce verarbeiten. Alternativ Chorizo mit Pimientos in einer Küchenmaschine zerkleinern und unter das Hackfleisch mischen. Eier, ausgedrücktes, zerzupftes Brot, Petersilie, Zwiebel und Zitronenschale unterkneten. Mit Salz und Pimentón de la Vera abschmecken. Masse etwas ruhen lassen.

3. Backofen auf 200 °C vorheizen.

4. Farce mit den Händen gründlich kneten und zu 4 cm großen Fleischbällchen rollen. Etwas Öl in einer Bratpfanne erhitzen. Fleischbällchen darin portionsweise 20 Sekunden von jeder Seite scharf anbraten. Anschließend auf einem Backblech verteilen und zehn Minuten im Ofen weitergaren.

5. Fleischbällchen in einer Tomatensauce (s. Seite 64) – en salsa – servieren. Dazu passen frisches Baguette und Spinatsalat mit jungen Erbsen (s. Seite 66).

Fleischchügeli mit Rösti

FÜR CA. 25 FLEISCHBÄLLCHEN
ZUBEREITUNG 45 MINUTEN

50 g Brot oder Brötchen vom Vortag,
   ohne krosse Rinde
200 ml Milch
1 Bund glattblättrige Petersilie
1 weiße Zwiebel, geschält und in Würfel
   geschnitten
400 g Rinderhack aus der Hochrippe,
   frisch zubereitet (s. Seite 4)
200 g Kalbshack aus der Hochrippe,
   frisch zubereitet (s. Seite 4)
2 Eier
Salz und Pfeffer, frisch gemahlen

RÖSTI
4 große Kartoffeln, mehlig kochend
1 große weiße Zwiebel, geschält
1 Ei
1 TL Salz
weißer Pfeffer, frisch gemahlen
Butterschmalz oder Öl zum Braten
   (z. B. Sonnenblumenöl)

1. Brot so lange in Milch einweichen, bis es vollständig damit getränkt ist. Petersilie abbrausen, trocken schütteln und fein hacken. Zwiebel schälen und fein würfeln.

2. Beide Hackfleischsorten mit Petersilie, Eiern und ausgedrücktem, zerkleinertem Brot vermischen (ohne Zwiebel!). Mit Salz und Pfeffer würzen, kurz ruhen lassen. Farce mit den Händen gründlich verkneten und zu 4 cm großen Fleischbällchen rollen.

3. Kartoffeln und Zwiebel für Rösti reiben und mit Ei vermischen. Mit Salz und fünf Umdrehungen Pfeffer würzen. Kartoffelmasse zu kleinen Küchlein formen. In einer mit 1 EL Butterschmalz oder mit Öl ausgepinselten, erhitzten Bratpfanne fünf Minuten von jeder Seite braten und auf vorgewärmte Teller legen.

4. In die noch heiße Pfanne etwas Öl geben. Fleischbällchen darin portionsweise fünf Minuten von jeder Seite anbraten und auf die Teller zu den Rösti geben. Beiseitegestellte Zwiebelwürfel im Bratensaft weich garen, über die Fleischbällchen geben und servieren.

Blutwurstfrikadellen mit Schalotten und Kartoffeln

FÜR CA. 35 BÄLLCHEN
ZUBEREITUNG 45 MINUTEN

2 Schalotten, geschält
½ EL Butter
Öl zum Braten (z. B. Sonnenblumenöl)
ca. 800 g Kartoffeln, mehlig kochend
300 g Blutwurst
1 Bund glattblättrige Petersilie
1 kleine scharfe Chilischote (z. B. Thai Red Hot)
½ TL Salz
schwarzer Pfeffer, frisch gemahlen

1. Schalotten klein hacken und in einer Pfanne in Butter mit Öl anschwitzen. Kartoffeln ca. 20 Minuten weich kochen (Garprobe machen), abgießen und ausdampfen lassen. Blutwurst pellen, mit einer Gabel zerkleinern und mit den Schalotten anbraten. Kartoffeln ebenfalls mit einer Gabel zerdrücken und mit der Blutwurst-Zwiebel-Mischung vermengen. Petersilie abbrausen, trocken schütteln und fein hacken. Mit fein gehackter Chili untermischen, mit Salz und fünf Umdrehungen Pfeffer abschmecken.

2. Farce mit den Händen gründlich verkneten und zu 4 cm großen Fleischbällchen rollen. Etwas Öl in einer Bratpfanne erhitzen. Bällchen darin portionsweise von jeder Seite zwei Minuten kross anbraten.

3. Dazu passt ein frischer Blattsalat, z. B. Spinatsalat mit jungen Erbsen (s. Seite 66).

Winzerbällchen mit Kalbsleber und flambierten Trauben

FÜR CA. 25 FLEISCHBÄLLCHEN
ZUBEREITUNG 40 MINUTEN

450 g Kalbshack aus der Nuss oder
  Brust, frisch zubereitet (s. Seite 4)
150 g Kalbsleber, halbiert
2 Eier
50 g Brot oder Brötchen vom Vortag,
  ohne krosse Rinde
200 ml Milch
1 große weiße Zwiebel, geschält
1 Bund glattblättrige Petersilie
1 EL Semmelbrösel
1 EL Senf
Öl zum Braten (z. B. Sonnenblumenöl)
1 EL Zucker
1 TL Salz
schwarzer Pfeffer, frisch gemahlen

FLAMBIERTE TRAUBEN
1 Handvoll helle Weintrauben
Butter
100 ml Calvados

1. Brot so lange in Milch einweichen, bis es vollständig damit getränkt ist. Zwiebel fein hacken und mit Zucker in 1 EL heißen Öl glasig anschwitzen. Topf vom Herd ziehen, bevor die Zwiebel Farbe annimmt. Petersilie abbrausen, trocken schütteln und fein hacken.

2. Eine Leberhälfte fein würfeln. Die andere mit Eiern und Semmelbröseln in einem Mixer pürieren und unter das Hackfleisch mischen. Leberwürfel, Petersilie, ausgedrücktes, zerkleinertes Brot, Zwiebel und Senf untermengen. Mit Salz und sechs Umdrehungen Pfeffer würzen.

3. Backofen auf 200 °C vorheizen.

4. Farce mit den Händen gründlich kneten, etwas ruhen lassen. Zu 4 cm großen Fleischbällchen rollen. 2 EL Öl in einer Bratpfanne erhitzen. Fleischbällchen darin portionsweise 20 Sekunden von jeder Seite scharf anbraten. Anschließend auf einem Backblech verteilen und zehn Minuten im Ofen weitergaren.

5. Weintrauben waschen und entstielen. Butter in einer Bratpfanne erhitzen, Trauben darin ein paar Minuten schwenken. Calvados darübergießen und unmittelbar vor dem Servieren entzünden.

6. Baguette oder Ciabatta dazu reichen.

Fischbällchen mit Merlan, Limette und Ingwer

FÜR CA. 20 FISCHBÄLLCHEN
ZUBEREITUNG 35 MINUTEN

500 g Merlanfilets (Wittling), Skrei-
   oder Forellfilets
1 unbehandelte Bio-Limette
3 Halme von Lauchzwiebeln (alternativ
   10 Schnittlauchhalme)
3 EL feine Semmelbrösel oder Mie de
   Pain
1 TL Kurkumapulver
1 EL Ingwerpulver
½ TL Salz
grüner Pfeffer, frisch gemahlen
Olivenöl oder Butter, nach Geschmack

1. Fischfilet sorgsam auf etwaige Gräten prüfen, restliche mit einer Pinzette entfernen. Fisch in einer
Küchenmaschine grob zerkleinern, damit noch kleine
Fischstückchen den Bällchen ihre nötige Konsistenz
verleihen. Limettensaft und -schalenabrieb, fein
gehacktes Lauchzwiebelgrün, Semmelbrösel und Gewürze untermischen. Mit Salz und fünf Umdrehungen
Pfeffer abschmecken.

2. Backofen auf 200 °C vorheizen.

3. Farce mit den Händen gründlich verkneten und zu
4 cm großen Fischbällchen rollen. In einer Pfanne etwas Olivenöl oder Butter erhitzen. Darin die
Fischbällchen 20 Sekunden von jeder Seite scharf
anbraten. Fischbällchen anschließend auf einem mit
Backpapier belegten Blech verteilen und zehn Minuten im Ofen weitergaren.

4. Ein Glas Naturjoghurt dazu servieren.

FISCHBÄLLCHEN MIT THUNFISCH, SESAM UND SOJASAUCE

FÜR CA. 20 FISCHBÄLLCHEN
ZUBEREITUNG 25 MINUTEN

500 g Thunfischfilet in Sushiqualität
150 ml milde Sojasauce
1 Zitrone, Saft
1 Bund Schnittlauch
4 EL Semmelbrösel
Szechuanpfeffer, frisch gemahlen
1 Ei, verquirlt
helle Sesamsaat

1. Rohen Thunfisch sehr fein würfeln und zehn Minuten in Sojasauce marinieren. Backofen auf 200 °C vorheizen.

2. Überschüssige Sojasauce abgießen und Thunfisch mit Zitronensaft, fein gehacktem Schnittlauch und Semmelbröseln vermischen. Mit Salz und Pfeffer abschmecken.

3. Thunfischmischung mit angefeuchteten Händen zu 4 cm großen Fischbällchen rollen. Jeweils in Ei tauchen, dann behutsam in Sesam wälzen. Fischbällchen auf einem mit Backpapier belegten Blech verteilen und fünf Minuten im Ofen garen. Sie dürfen in der Mitte noch fast roh sein.

4. Dazu passt ein bunter Blattsalat mit frischen Korianderblättern und einfacher Vinaigrette. Oder japanische eingelegte Pflaumen (*umeboshi shiso*) dazu servieren.

Falafel mit Auberginen und Kreuzkümmel

FÜR CA. 30 GEMÜSEBÄLLCHEN
ZUBEREITUNG 45 MINUTEN

ca. 1 kg Auberginen
1 große rote Zwiebel, geschält
50 g Zucker
1 EL Öl zum Braten (z. B. Sonnenblumenöl)
1 Bund glattblättrige Petersilie
Öl zum Frittieren
1 Glas Kichererbsen, abgetropft
  (ca. 320 g)
1 Ei
1 EL Kreuzkümmelpulver
1 TL Salz
schwarzer Pfeffer, frisch gemahlen
125 g feine Semmelbrösel + weitere für
  die Masse

☐ Zubereitung ohne Fritteuse

Öl in einem Bräter oder in einem großen Topf erhitzen. Um die Temperatur zu prüfen, einfach ein paar Semmelbrösel hineinstreuen: Das Öl ist heiß genug, wenn die Semmelbrösel sofort brutzeln.

1. Backofen auf 180 °C vorheizen.

2. Auberginen längs halbieren und 20 Minuten im Ofen auf dem Rost garen, bis ihr Fleisch sehr weich ist. Auberginenhälften abkühlen lassen. Zwiebel in dünne Streifen schneiden und in einer Kasserolle mit Zucker und etwas Öl abgedeckt bei niedriger Temperatur 15 Minuten karamellisieren lassen. Petersilie abbrausen, trocken schütteln und fein hacken.

3. Öl in einer Fritteuse auf 120 °C aufheizen.

4. Schale von den Auberginen abziehen. 2 EL Kichererbsen beiseitelegen. Restliche Kichererbsen mit Auberginenfleisch im Mixer pürieren. Karamellisierte Zwiebel, Petersilie, Ei und Kreuzkümmel untermischen. Mit Salz und sechs Umdrehungen Pfeffer abschmecken, etwas ruhen lassen. Ganze Kichererbsen und evtl. noch Semmelbrösel für eine formbare Konsistenz untermengen.

5. Masse zu 4 cm großen Gemüsebällchen rollen und diese in Semmelbröseln wälzen. Gemüsebällchen ein paar Minuten frittieren, bis sie gebräunt und außen kross sind. Auf Küchenpapier entfetten.

6. Mit Joghurtsauce (s. Seite 64) in frischem Fladenbrot mit Salatblättern und Beilagen nach Geschmack servieren.

ZUCCHINIBÄLLCHEN MIT PARMESAN, PETERSILIE UND KNOBLAUCH

FÜR CA. 30 GEMÜSEBÄLLCHEN
ZUBEREITUNG 45 MINUTEN

ca. 500 g Kartoffeln, mehlig kochend
1 Bund glattblättrige Petersilie
4 Zucchini (à ca. 200 g)
2 Knoblauchzehen, abgezogen
1½ TL Salz
schwarzer Pfeffer, frisch gemahlen
Olivenöl
300 g Parmesan, frisch gerieben
2 Eier
Öl zum Frittieren
40 g Mehl

1. Kartoffeln ca. 20 Minuten in Wasser kochen (Garprobe machen). Abgießen und ausdampfen lassen. Petersilie abbrausen, trocken schütteln und fein hacken. Zucchini waschen, Stielansatz entfernen. Zucchini in zentimetergroße Würfel schneiden, mit klein gehacktem Knoblauch, Salz und sechs Umdrehungen Pfeffer in etwas Olivenöl in einer Pfanne anbraten. Kartoffeln pellen, mit einer Gabel grob zerdrücken und gut abkühlen lassen. Mit der Zucchinimischung sowie 250 g Parmesan, Eiern und Petersilie vermengen.

2. Öl in einer Fritteuse auf 120 °C aufheizen.

3. Restlichen Parmesan mit Mehl mischen. Masse zu 4 cm großen Gemüsebällchen rollen und diese im Parmesan-Mehl wälzen. Gemüsebällchen mit bemehlten Händen nochmals leicht in Form drücken und sofort ein paar Minuten frittieren, bis sie gebräunt und außen kross sind. Auf Küchenpapier entfetten.

4. Dazu passt ein einfacher Risotto.

⬜ ZUBEREITUNG OHNE FRITTEUSE
Öl in einem Bräter oder in einem großen Topf erhitzen. Um die Temperatur zu prüfen, einfach ein paar Semmelbrösel hineinstreuen: Das Öl ist heiß genug, wenn die Semmelbrösel sofort brutzeln.

KICHERERBSENBÄLLCHEN MIT QUINOA UND MÖHREN

FÜR CA. 20 GEMÜSEBÄLLCHEN
ZUBEREITUNG 40 MINUTEN

350 g Quinoa
ca. 700 ml Gemüsebrühe
1 Möhre
1 Bund glattblättrige Petersilie
1 Bund Koriander
Öl zum Frittieren
**100 g Kichererbsen aus dem Glas,
    abgetropft**
1 Zitrone, Saft
2 Eier
20 g Mehl
1 TL Salz

1. Quinoa in einem Sieb mit Wasser abspülen, danach gut abtropfen lassen. Mit Brühe in einem Topf bei mittlerer Hitze aufkochen, Hitze auf kleinste Stufe reduzieren und ausquellen lassen. Möhre schälen, klein würfeln. In kochendem Salzwasser einige Minuten knapp garen (Gemüsewürfel dürfen noch Biss haben) und abgießen. Kräuter abbrausen, trocken schütteln und fein hacken.

2. Öl in einer Fritteuse auf 120 °C aufheizen.

3. Quinoa mit Möhrenwürfeln, Kichererbsen, Zitronensaft, Eiern, Mehl und Salz vermischen. Masse zu 4 cm großen Gemüsebällchen rollen und diese ein paar Minuten frittieren, bis sie gebräunt und außen kross sind. Auf Küchenpapier entfetten.

4. Dazu passt Joghurtsauce mit Dill (s. Seite 64), eine Knoblauchmayonnaise (Aïoli) oder ein Frischkäse-Dip mit gemischten Kräutern.

⌐ ZUBEREITUNG OHNE FRITTEUSE
Öl in einem Bräter oder in einem großen Topf erhitzen. Um die Temperatur zu prüfen, einfach ein paar Semmelbrösel hineinstreuen: Das Öl ist heiß genug, wenn die Semmelbrösel sofort brutzeln.

KÄSEBÄLLCHEN MIT PIMENT D'ESPELETTE

FÜR CA. 20 KÄSEBÄLLCHEN
ZUBEREITUNG 20 MINUTEN

400 g Frischkäse
200 g Comté-Käse, frisch gerieben
½ TL Salz
weißer Pfeffer, frisch gemahlen
Piment d'Espelette[4]
Mehl
1 Ei, verquirlt
Semmelbrösel
Öl zum Frittieren

1. Frischkäse mit Comté vermischen und nach Geschmack mit Salz, fünf Umdrehungen Pfeffer und etwas Piment d'Espelette würzen.

2. Öl in einer Fritteuse auf 120 °C aufheizen.

3. Masse zu 4 cm großen Käsebällchen rollen. Diese zunächst gut in Mehl wälzen, dann in Ei tauchen, zum Schluss in Semmelbröseln rollen und diesen Vorgang wiederholen. Panierte Käsebällchen kurz frittieren, bis sie goldbraun sind. Auf Küchenpapier entfetten.

4. Mit einem knackigen Feldsalat servieren.

⌗ ZUBEREITUNG OHNE FRITTEUSE
Öl in einem Bräter oder in einem großen Topf erhitzen. Um die Temperatur zu prüfen, einfach ein paar Semmelbrösel hineinstreuen: Das Öl ist heiß genug, wenn die Semmelbrösel sofort brutzeln.

---

4 Zu diesem aus dem französischen Baskenland stammenden Gewürzpaprika gibt es geschmacklich keine echte Alternative, denn er ist hocharomatisch, aber dabei nicht zu scharf. Von der Konsistenz ähnlich ist die Gewürzmischung Pul Biber, die es im türkischen Lebensmittelgeschäft gibt. Alternativ kann man auch zu Peperoncino-Flocken (peperoncino a scaglie) greifen.

Meat-Ball-Sandwich mit Kräuterbutter und Tomatensauce

FÜR 1 SANDWICH
ZUBEREITUNG 25 MINUTEN

KRÄUTERBUTTER
½ Bund Estragon
½ Bund glattblättrige Petersilie
35 g Butter, zimmerwarm
1 EL Zitronensaft, frisch gepresst

½ Baguette
4 klassische Rinderhackbällchen
  (s. Seite 8)
3 EL Tomatensauce, frisch zubereitet
  (s. Seite 64) oder fertig gekauft

1. Kräuter abbrausen, trocken schütteln, Blättchen abzupfen und fein hacken. Mit Zitronensaft und Butter glatt verrühren.

2. Baguette der Länge nach fast ganz aufschneiden und etwas aushöhlen. Untere Hälfte mit Kräuterbutter bestreichen, Fleischbällchen auflegen, Tomatensauce daraufgeben und das Baguette wieder zuklappen.

⬚ TIPP
Die Kräuterbutter lässt sich auch mit anderen Kräutern nach Geschmack und Saison oder mit fein gehacktem Knoblauch variieren.

Tomatensauce

ERGIBT CA. 500 ML
ZUBEREITUNG 30 MINUTEN

2 kg sehr reife Tomaten (alternativ:
   Pizzatomaten aus der Dose)
1 EL Tomatenmark
1 Bund Thymian, Blättchen gehackt
2–3 Lorbeerblätter
1 Bund Basilikum, Blättchen in Streifen
   geschnitten
4 EL Olivenöl
1 EL Zucker
Salz

Tomaten grob würfeln und mit Olivenöl in
einen Schmortopf geben. Tomatenmark,
Thymian, Lorbeer, Basilikum und Zucker
hinzufügen. Sauce 30 Minuten bei geringer
Hitze sanft köcheln lassen. Mit Salz abschmecken.

Joghurtsauce mit Dill

ERGIBT CA. 500 ML
ZUBEREITUNG 10 MINUTEN

1 Bund Dill
1 Schalotte
500 g Naturjoghurt (z. B. Süzme, türkischer
   stichfester Sahnejoghurt)
3 EL Sherryessig
Salz
1 Prise Zucker, nach Geschmack

Dill abbrausen, trocken schütteln und ohne
die dicken Stängel fein hacken. Schalotte abziehen und mit Sherryessig in einer
Küchenmaschine pürieren. Joghurt und Dill
dazugeben, erneut mixen. Mit Salz abschmecken und eventuell etwas Zucker unterrühren, um die Säure zu mildern.

Linsensalat mit Zucchini und Feta

FÜR 4 PORTIONEN
ZUBEREITUNG 40 MINUTEN

250 g Le-Puy-Linsen
1 große rote Zwiebel, geschält
1 EL Zucker, Olivenöl
1–2 TL Senf, 1 EL Weinessig
Salz und Pfeffer, frisch gemahlen
1 Zucchino, in kleine Würfel
   geschnitten
100 g Feta, zerkrümelt
4–5 Walnuss-/Baumnusskerne,
   grob zerstoßen
½ Granatapfel

Linsen abspülen und 20 Minuten
in kochendem Wasser garen
(dürfen noch Biss haben). Zwiebel
halbieren, eine Hälfte sehr fein
hacken, die andere in dünne
Streifen schneiden. Zwiebelstrei-
fen mit Zucker und 1 EL Öl in einer
Pfanne leicht karamellisieren.
Linsen mit beiden Zwiebeln, Senf,
2 EL Öl und Essig mischen, mit
Salz und Pfeffer abschmecken.
Mit Zucchiniwürfeln, Fetastücken,
Walnüssen und Granatapfelkernen
garnieren.

Paprika-Tomaten-Gemüse mit Ziegenfrischkäse

FÜR 4 PORTIONEN
ZUBEREITUNG 50 MINUTEN

6 Gemüsepaprika, rote und gelbe
2 EL Olivenöl
1 Limette, Saft
½ TL Meersalz
2 Tomaten, bevorzugt eine grüne
   Sorte
1 Bund glattblättrige Petersilie
5 Lauchzwiebeln
1 Handvoll schwarze Oliven,
   ohne Stein
1 Ziegenfrischkäse

Backofen auf 200 °C vorheizen.
Paprika darin 30 Minuten rösten.
Haut abziehen, Kerne entfernen
und Paprika in mundgerechte
Stücke schneiden. Olivenöl mit
Limettensaft und Salz mischen,
Paprika darin zehn Minuten marinieren. Fein gehackte Petersilie,
klein gehackte Lauchzwiebeln
und schmale Tomatensegmente
ohne Strunk unterheben. Mit klein
gehackten Oliven und Ziegenkäse-
stückchen garnieren.

Spinatsalat mit jungen Erbsen

FÜR 4 PORTIONEN
ZUBEREITUNG 20 MINUTEN

GRÜNES DRESSING
1 Bund Koriander, dicke Stängel
   entfernt
2 EL Honig
1 EL Essig
1 Zitrone, Saft
2 EL Olivenöl
½ TL Meersalz

300 g junge Spinatblätter
   (Babyspinat)
1 Romana-Salatherz
1 Handvoll frische kleine Garten-
   erbsen
250 g Zuckerschoten

Alle Zutaten für die Sauce mixen.
Erbsen fünf Minuten, Zuckerschoten drei Minuten in kochendem
Salzwasser blanchieren, anschließend in Eiswasser abschrecken.
Romana in dünne Streifen schneiden, mit Spinatblättern, Erbsen
und Zuckerschoten mischen.
Grüne Sauce zum Servieren darü-
berträufeln.

Spargelrisotto

FÜR 4 PORTIONEN
ZUBEREITUNG 30 MINUTEN

275 g Risottoreis (z. B. Carnaroli,
    Arborio oer Vialone nano)
20 g Butter
2 EL Olivenöl
2 Lorbeerblätter
1 kleine Zwiebel, geschält
900 ml Geflügelbrühe
400 g grüner Spargel, geputzt
    (oder anderes grünes Gemüse
    nach Saison)
250 ml Sahne/Rahm
50 g Parmesan, frisch gerieben
Salz und Pfeffer, frisch gemahlen

Zwiebelwürfel und Lorbeerblätter
in Butter anschwitzen. Reis unterrühren und erhitzte Geflügelbrühe kellenweise dazugeben. Auf
kleiner Flamme köcheln lassen
und immer warten, bis die Flüssigkeit aufgesogen ist. Kurz vor
Ende der letzten beiden Kellen
den in Scheiben geschnittenen
grünen Spargel mitgaren. Sahne
und Parmesan darunterheben, mit
Salz und Pfeffer abschmecken,
Lorbeerblätter entfernen. Das
Risottokorn darf innen dabei noch
etwas Biss haben, außen ist es
angenehm weich.

Süßkartoffelpüree mit Ingwer

FÜR 4 PORTIONEN
ZUBEREITUNG 40 MINUTEN

4 große Süßkartoffeln
20 g frischer Ingwer, geschält
½ Bund Koriander
200 ml Sahne/Rahm
Salz

Süßkartoffeln schälen, in große
Würfel schneiden und etwa 30
Minuten in sprudelnd kochendem
Salzwasser weich kochen. Kartoffeln abtropfen lassen und durch
eine Presse drücken. Koriander
abbrausen, trocken schütteln
und abgezupfte Blättchen klein
hacken. Frisch geriebenen Ingwer
unter das Püree geben. Kurz vor
dem Servieren mit Sahne und
Koriander glatt rühren.

Polenta mit Mascarpone und Parmesan

FÜR 4 PORTIONEN
ZUBEREITUNG 10 MINUTEN

1 l Milch
250 g Instant-Polentagrieß
1 geh. EL Mascarpone
50 g Parmesan, frisch gerieben
Salz und Pfeffer, frisch gemahlen

Milch aufkochen, Polenta langsam
hineinstreuen und unter ständigem Rühren drei Minuten kochen.
Topf vom Herd nehmen und
Mascarpone unterziehen. Wenn
die Polenta noch zu fest ist, löffelweise Milch dazugeben. Parmesan
unterrühren, mit Salz und frisch
gemahlenem Pfeffer abschmecken. Heiß servieren.

⌂ TIPP
*Wenn Sie keine Instant-Polenta
bekommen können, rechnen Sie für
die Zubereitung ca. 40 Minuten
Kochzeit ein. Dabei wird der Grieß
unter ständigem Rühren mit Wasser
gegart.*

KÖNIGSBERGER KLOPSE

FÜR 20–24 KLOPSE
ZUBEREITUNG 50 MINUTEN

500 g Kalbshack aus der Nuss, frisch
  zubereitet (s. Seite 4) oder
  250 g Kalbs- und 250 g Rinderhack
1 Ei
2 Scheiben Brot oder 1 Brötchen
  vom Vortag
200 ml Milch
1 kleine Zwiebel, geschält
3–4 Sardellenfilets, gewässert
1 unbehandelte Bio-Zitrone
1 Prise Muskat
Salz und weißer Pfeffer, frisch
  gemahlen
¾ l Fleischbrühe
1 Lorbeerblatt
1 Stück Lauch
4 schwarze Pfefferkörner
6 Pimentkörner

SAUCE
20 g Butter
20 g Mehl
40 g Kapern
2 Eigelbe, verquirlt

1. Brot ohne Rinde so lange in Milch einweichen, bis es vollständig damit getränkt ist. Zwiebel reiben.

2. Hackfleisch, ausgedrücktes, zerkleinertes Brot, Ei, Zwiebel und fein gehackte Sardellen vermischen. 1 TL Schalenabrieb von der Zitrone dazugeben, Saft für die Sauce beiseitestellen. Gewürze zur Hackfleischmasse geben und gut verkneten. Daraus etwa eigroße Bällchen (Klopse) formen.

3. Fleischbrühe mit Lorbeer, Lauch, Pfeffer- und Pimentkörnern zum Kochen bringen. Klopse einlegen und bei geringer Hitzezufuhr etwa zehn Minuten in der Brühe garen. Klopse mit einem Schaumlöffel herausheben und warm stellen.

4. Brühe durch ein Sieb abgießen. Aus Butter und Mehl in einem Topf eine helle Schwitze herstellen. Mit etwas Brühe ablöschen (nicht zu viel, damit die Sauce nicht zu dünn wird). Kapern in der Sauce erwärmen, mit Zitronensaft und nach Bedarf mit Salz abschmecken. Sauce vom Herd ziehen und mit den Eigelben legieren. Klopse einlegen und kurz darin ziehen lassen.

5. Königsberger Klopse mit Salzkartoffeln oder Kartoffelpüree servieren. Eingelegte Salzgurken oder Rote Beete dazu reichen.

🔖 TIPP
Sauce mit 100 ml Sahne oder mit Schmand, einem Schuss Weißwein und einer Prise Zucker verfeinern.

LEBERKNÖDEL

FÜR CA. 20 STÜCK
ZUBEREITUNG 50 MINUTEN

200 g Brot oder 4 Brötchen vom Vortag
⅛ l Milch, lauwarm
½ Bund krause Petersilie
1 mittelgroße Zwiebel, geschält
20 g Butter
250 g Rindsleber oder 200 g Leber und
   50 g Milz vom Rind
2 Eier
einige Stängel Majoran, Blättchen
   abgerebelt
Salz und schwarzer Pfeffer, frisch
   gemahlen
1 l Fleischbrühe
1 Bund Schnittlauch

1. Brot ohne Rinde so lange in Milch einweichen, bis es vollständig damit getränkt ist. Petersilie abbrausen, trocken schütteln und fein hacken. Zwiebel in feine Würfel schneiden. Mit der Petersilie in einem Topf in erhitzter Butter anschwitzen. Topf vom Herd ziehen, bevor die Zwiebeln Farbe annehmen.

2. Leber durch die feine Scheibe eines Fleischwolfs drehen. Mit ausgedrücktem, zerkleinertem Brot, Zwiebelmischung, Eiern und Majoran vermengen. Mit Salz und drei Umdrehungen Pfeffer abschmecken. Zu kleinen Knödeln formen.

3. Fleischbrühe erhitzen, Knödel einlegen und darin zehn bis zwölf Minuten bei leichtem Sieden ziehen lassen. Mit Schnittlauchröllchen bestreut in der Brühe servieren.

⌑ TIPP
Aus der Menge vier große Knödel formen, die 20 Minuten in der Brühe garen. Mit gebratenen Zwiebelringen und Kartoffelsalat servieren.

WIR DANKEN

... Pauline Labrousse für ihr Vertrauen,

... Charlotte Lacsève und Christine Legeret für ihre wunderbare Unterstützung bei den Fotos und dem Layout,

... Cassandre Senechal für ihr Engagement und ihre Kreativität,

... Élodie Giraud für ihren wohlwollenden Zuspruch,

... Sébastian Poisson für seine Ratschläge

sowie ein Dankeschön an Joseph für seinen Enthusiasmus und an Sarah für ihre großartige Hilfe.

ÜBER DIE AUTOREN

Salomée Vidal und **Jérémie Kanza** betreiben seit Anfang 2014 das erste Buletten-Restaurant (www.ballsrestaurant.com) in Paris.

Es fasst 40 Personen und die beiden gastronomischen Newcomer bieten darin Fleisch- und Fischbällchen sowie vegetarische Bällchen mit jeweils passenden Beilagen an, die bei Groß und Klein heiß begehrt sind.

IMPRESSUM

Die französische Originalausgabe erschien 2015 unter dem Titel „Balls" bei Hachette Livre – Marabout. · © für die französische Ausgabe: Hachette – Livre (Marabout), Paris, 2015 · © für die deutsche Ausgabe: Walter Hädecke Verlag, Weil der Stadt, 2015

Fotos: Charlotte Lascève ● **Styling:** Christine Legeret ● **Übersetzung aus dem Französischen:** Franziska Weyer ● **Lektorat der deutschen Ausgabe und Rezepte auf den Seiten 70, 71:** Monika Graff ● **Schlussredaktion:** nvsg ● **Gestaltung der deutschen Ausgabe:** Julia Graff/Hädecke, unter Verwendung der Brandon Grotesque, Brandon Text und Brandon Printed (HvD Fonts) sowie der Charcuterie Sans Inline (Laura Worthington) und Illustrationen von http://goodstuffnononsense.com/

Printed in China 2015   ISBN 978-3-7750-0692-7   4 3 2 1 | 2018 2017 2016 2015

Neue Rezeptideen und weitere Infos rund um unser Buchprogramm finden Sie unter www.haedecke-verlag.de und www.mizzis-kuechenblock.de!

HINWEISE & ABKÜRZUNGEN

Die Rezepte sind – soweit nicht anders vermerkt – für vier Portionen berechnet. Die Temperaturangaben dieses Buches sind in °C (Grad Celsius) angegeben. Bei der Zubereitung im Backofen ist die Temperatur eines Elektroherds mit normaler Ober- und Unterhitze gemeint. Bei Umluft kann sich die Zeit verkürzen, für Gasherde beachten Sie bitte die Angaben des Geräteherstellers. Es werden für alle Zutaten Eier der Größe M (mittelgroß), Güteklasse A verwendet. Bitte verwenden Sie immer nur ganz frische Eier! Die in den Rezepten angegebenen Zubereitungszeiten sind Circaangaben. Die Löffelangaben beziehen sich, soweit nicht anders vermerkt, immer auf das gestrichene Maß.

TL = Teelöffel	**ml** = Milliliter ($^{1}/_{1000}$ l)	**g** = Gramm	**cm** = Zentimeter	**geh.** = gehäuft
EL = Esslöffel	**l** = Liter	**kg** = Kilogramm	**mm** = Millimeter	**°C** = Grad Celsius